Emir Abdelkader

Vida e Textos do Humanista Argelino

Emir Abdelkader:

Vida e Textos do Humanista Argelino

Osvaldo Condé

Pró Consciência®

Brasília-DF

2021

EMIR ABDELKADER:
Vida e Textos do Humanista Argelino© 2020

Direção editorial: Lívia Borges
Revisão: Solimeire de Oliveira Schilling
Diagramação e capa: Madalena Araújo
Imagem da capa: Pintura de Ange Tissier (1852)

Dados Internacionais de Catalogação na Publicação (CIP)
(Câmara Brasileira do Livro, SP, Brasil)

Aline Graziele Benitez- Bibliotecária- CRB-1/3129
Condé, Osvaldo
Emir Abdelkader: vida e textos do humanista argelino / Osvaldo Condé ; Pró-Consciência®. -- 1. ed. -- Brasília : Pró-Consciência, 2021.
ISBN 978-65-86485-01-1
1. Abdelkader, Emir, 1808- 1883 2. Biografia 3. Experiência de vida
4. Experiência religiosa I. Pró-Consciência®. II. Título.

20-45259 CDD-907.2

Editora
www.proconsciencia.com.br

Selo do Emir

Este livro é dedicado à memória do
Emir Abdelkader al Djezairi,
humanista universal, e ao
povo argelino,
que lhe deu
origem.

AGRADECIMENTOS

Com agradecimentos à minha família,
por seu sempre caloroso apoio,
e à Editora Pró-consciência,
por sua visão de longo curso.

SUMÁRIO

11 Prefácio

13 Introdução

17 Quem é o Emir Abdelkader?

21 A guerra

27 A França

29 O exílio

31 Cronologia e datas importantes

35 O estadista e o político

37 O humanista e o mestre espiritual

45 O "Judas" do Emir AbdelKader

49 Ibn Arabi e o Emir Abdelkader

53 O que é o sufismo?

57 Visão sintetizada das escolas iniciáticas do Emir:

61 Um homem do seu tempo e além

67 Relação de obras de Abdelkader

71 Depoimentos de jornais e opiniões sobre o Emir

75 Textos

93 Poesia

97 Brasília e Argel, cidades irmãs

101 Filmes e documentários

103 Bibliografia

PREFÁCIO

Em uma de suas famosas citações, o Emir Abdelkader disse: " nunca pergunte qual é a origem de um homem, mas questione sua vida, suas ações, sua coragem e suas qualidades e você saberá quem ele é ".

Isso é exatamente o que o Sr. Osvaldo optou por fazer em seu excelente livro. Ele nos conta a história desse personagem fascinante do século XIX que é o Emir Abdelkader.

Fundador do moderno Estado argelino, Emir Abd El Kader ainda é uma figura central na história da Argélia. Ele está entre as personalidades mais eminentes do mundo árabe e muçulmano e é por isso que tem atraído, com seus fatos e suas façanhas, o interesse de pesquisadores e historiadores. Ele tinha uma personalidade que se destacava tanto por sua multiplicidade quanto por sua diversidade; de um homem de guerra a um defensor do diálogo intercultural no mundo, e de um poeta a um sábio entre os mais reconhecidos.

Tudo isso levou à produção de uma abundante literatura sobre esse personagem de carreira bem-sucedida. Periodicamente, são organizados seminários e conferências nacionais e internacionais para aprofundar sua trajetória histórica que foi admirada pelos valores de respeito ao próximo e tolerância que defendeu e para revelar, por que não, novas realidades.

Sr. Osvaldo, interessado em escritos sobre o sufismo cujo o Emir era um seguidor, apresenta assim, para o leitor brasileiro em particular e os lusófonos em geral, a personalidade desta grande figura do século XIX. Assim, se nos permite compreender o Islão tolerante praticado pelo Emir, esta obra é, aliás, um prelúdio para compreender a convivência e a coexistência entre diferentes civilizações e religiões.

O Sr. Osvaldo, que se esforçou muito para escrever este livro, desenvolveu muitas habilidades. Só posso ficar impressionado tanto por sua metodologia quanto pela qualidade do texto.

Felicito-o e agradeço-lhe por ter gentilmente dedicado o seu trabalho à memória do Emir e ao povo argelino.

Deixo-vos, queridos leitores, a felicidade de descobrir por si mesmo, o livro do Sr. Osvaldo Condé. Eu o recomendo muito, pois vai lhe surpreender, eu acho, tanto quanto me surpreendeu e lhe mostrar o quão enriquecedor e criativo um trabalho desta natureza pode ser.

Toufik Dahmani

Embaixador da República Argelina
Democrática e Popular no Brasil

INTRODUÇÃO

"Todas as criaturas são parte da família de Deus."

Emir Abdelkader

É uma honrosa missão escrever, provavelmente, o primeiro livro em língua portuguesa sobre um dos mais famosos heróis do mundo árabe islâmico de todos os tempos. Pessoalmente "tocado" pela *Baraka* (benção) do Emir Abdelkader, por sua presença fascinante, que o tempo só faz engrandecer, aceitei o desafio de trazê-lo mais próximo ao conhecimento dos brasileiros. Tomei este trabalho como *Adab* (cortesia espiritual).

Missão honrosa, mas muito difícil, devido principalmente à complexa e riquíssima personalidade, que passa da infância à maturidade com experiências e aprendizados tão diversificados quanto admiráveis. Que aspectos enfatizar: o estadista, o lutador ferrenho, mas cortês, pela independência de seu país? O poeta? O sábio, o escritor metafísico? O muçulmano humanitário, salvador de milhares de cristãos da morte certa na Síria? O homem que recebeu a comenda da "Legião de Honra" da França, tendo combatido a mesma nas guerras de descolonização? Aquele que foi condecorado pelo Papa Pio IX e recebeu presentes de Abraham Lincoln? Ou o iniciado no esoterismo islâmico, conhecido no Ocidente como sufismo? O expert em cavalo árabe e hábil cavaleiro? Ou um dos influenciadores da construção do Canal de Suez? O conhecido de Dom Pedro II, Imperador do Brasil? O correspondente do Emir Shamil, do Daguestão? Ou o intelectual árabe que conhecia os filósofos gregos, como Platão, Aristóteles e Pitágoras? Assim postas as dificuldades de abordagem, o que fazer?

Essa é uma tentativa ousada ou temerária de apresentar o Emir, que passará, pois, pelo crivo dos leitores ávidos de informação. Este livro contém não só textos e poesia do Emir argelino como também informações biográficas de interesse geral, que mostram a evolução da construção do caráter de um herói nacional. O que este livro não pretende é ser um texto acadêmico ou seco, de parte da história do mundo árabe; mas sim um relato um tanto conciso da vida do personagem em questão, com alguns de seus feitos e, na medida das possibilidades, exemplos de seus escritos filosóficos.

Os ensinamentos do "Napoleão do deserto" são inesquecíveis, e a humanidade precisa revivê-los, pois o extremismo político e/ou religioso tem causado prejuízos enormes em vidas e bens.

E quando as manchetes da mídia moderna se voltam para atentados, guerras fratricidas e exemplos de intolerância, ressurge a figura do Emir Abdelkader, iluminando o caminho da compaixão e aceitação do outro, uma luz que ultrapassa a barreira da ignorância e do fanatismo.

É incompreensível não haver no Brasil uma homenagem a ele, como uma estátua, rua ou praça, já que sua personalidade extraordinária dá nome a muitos lugares no mundo, inclusive a uma cidade inteira, em Iowa, nos EUA. Além disso, deveria levar-se em conta a amizade dos povos brasileiro e árabe, bem como a grande população de descendentes árabes no Brasil.

Suas lições são um exemplo de vida, tendo deixado um legado de tolerância da Argélia para o mundo. Que sua alma aventurada esteja em paz.

Salaam Aleicom!

Osvaldo Condé

Brasília, 2020

QUEM É O EMIR ABDELKADER?

Uma busca pelo nome do Emir Abdelkader na internet nunca dá um número de referências menor que um milhão de respostas. Aproximadamente 1.180.000 resultados (em 0,60 segundos). É claro, estamos pesquisando um herói lendário, quase mítico, se não fosse, por incrível que pareça, uma história real. Um personagem, a um só tempo um "Ghandi" e um "Nelson Mandela"? Um Saladino redivivo?

O Emir nasceu em 6 de setembro de 1808 em Mascara, Argélia, e faleceu em 26 de maio de 1883 em Damasco, capital da Síria, onde encontrava-se exilado. A saga do Emir, cujo nome completo é Abd al-Qādir ibn Muḥy al-dīn, também chamado de Emir Abdelkader ou Abdelkader al Djezairi, tem início dentro de uma família piedosa de iniciados no sufismo ainda durante o domínio otomano na Argélia, começado em 1530. A conquista otomana segue-se ao domínio francês, iniciado em 1830 e finalizado somente com a independência argelina em 1962.

Seu avô, Sidi Mustafa, era iniciado na escola sufi Kadirya, assim como o filho deste, o futuro pai do nosso personagem. Abdel Kader Mehi-ed-din, o pai do Emir, era um homem santo, ou marabut, também ligado à Tarika Kadirya, originalmente fundada em Bagdá pelas mãos do grande Mestre Abu Kader Gilani (1077/1166). Desde sua infância, o menino Abdelkader demonstrava pendor para a vida contemplativa e filosófica, bem como uma inteligência incomum.

Aos cinco anos de idade já sabia ler, aos doze já era um comentador autorizado do Corão e dos *Hadiths* (ditos e tradições do profeta Maomé – "A paz esteja com ele e os seus!"), aos 14 anos ele já conhecia o livro sagrado de cor. Adulto, possuía uma vasta biblioteca, à qual se dedicava com afinco. Conhecia as traduções das obras de Pitágoras, Platão e Aristóteles, bem como os textos dos Califas mais afamados da história.

Sua biblioteca tinha volumes em muitas aéreas do conhecimento universal, como história, geografia, filosofia e medicina. Ele era um homem com saber digno da Renascença.

Fisicamente, tinha um metro e sessenta e oito de altura, era muito ágil e flexível, tendo sido descrito por Charles-Henry Churchill, em seu livro *La vie d'Abd-El-Kader*, com as seguintes palavras:

> *Seu rosto, do tipo clássico mais puro, era singularmente atraente em sua beleza expressiva e quase feminina. Seu nariz – de tamanho médio e delicadamente desenhado – era um feliz acordo entre o tipo grego e o romano; seus lábios, finamente cinzelados e levemente afinados,*

denotavam uma reserva cheia de dignidade e uma grande firmeza de caráter; enquanto seus olhos grandes, brilhantes e cor de avelã se iluminavam sob uma testa larga de uma brancura de mármore, de doçura melancólica, onde, às vezes, brilhavam lampejos de inteligência e genialidade.

Em uma de suas viagens a Meca, peregrinação obrigatória a todo muçulmano em condições de fazê-lo, o Emir, depois dos ritos habituais, passou um período meditando na caverna Hira, na chamada "A montanha da Luz" (Jabal al Nur). Ele ficou, pois, na mesma caverna onde o Profeta Maomé (Mohamed) – "A paz esteja com ele e os seus!" – começou a receber os primeiros versículos da revelação, por meio do anjo Gabriel, do livro sagrado, o Corão.

O Emir foi iniciado, ao longo da vida, em pelo menos três escolas espirituais do esoterismo islâmico: Shadilita, Naqshbandi e Kadiry. A formação nestas escolas nos dá mais uma dica das influências recebidas por ele e de sua visão de mundo.

Diferentemente de muitos conquistadores da história, seu objetivo nunca foi o "poder pelo poder". Não tinha ímpetos de substituir o colonialismo francês por um domínio pessoal ou personalista. Na sua "*Jihad* pessoal e maior", em contraposição à "*Jihad* menor", isto é, à luta externa em defesa da comunidade, o Emir agia de forma peculiar: ele evitava repetir hábitos ou coisas que percebia gostar muito. Ou seja, lutava por dominar seus desejos (*Nafs*) usando sua força de vontade, não sendo escravos deles. A palavra "*Jihad*", traduzida erroneamente como "guerra santa", é causa de muitos dissabores. Na verdade, esta palavra quer dizer "esforço", "empenho na ação correta". Assim, o *jihad* maior, e verdadeiro, é sempre a luta pelo autoaperfeiçoamento. A escritora Ayesha Jalal, em seu livro *Combatentes de Allah*, deixa claro as equívocas interpretações, feitas por alguns, do Alcorão com relação a este ponto:

> *A palavra raiz [*jihad*] aparece 41 vezes em 18 capítulos do Corão – e nem sempre no sentido de guerra sagrada –, enquanto as proibições contra guerra aparecem 70 vezes.*
>
> *A única forma de* jahada *mencionada no Corão como luta armada legítima é "*jihad fi sabil allah*" – isto é, jihad no caminho de Deus.*
>
> *Mas mesmo versos que empregam esse termo são geralmente seguidos de exortações à paciência na adversidade e à doçura na força, a essência do temperamento gentil.*

(*Combatentes de Allah*, Ed. Larousse, Pág. 19, SP, 2009)

A GUERRA

"A diplomacia das canhoneiras."

A guerra entre as forças do Emir Abdelkader e a França deveu-se à invasão da Argélia por tropas comandadas pelo militar e Ministro da Guerra Louis Auguste Victor de Ghaisne, Conde de Bourmont, em 1830, pondo fim ao domínio otomano naquele país. Diga-se, *en passant*, que tomar Argel era plano antigo, desde Napoleão Bonaparte. A desculpa para a invasão foi um incidente em que o Cônsul Geral francês na Argélia foi "agredido" com um leque ou um mata-moscas pelo Pachá. O incidente se deu durante cobranças e tentativas de acertos de contas entre o *Bey* otomano, Hussein Pachá, administrador da Argélia, e o Cônsul Geral, Pierre Deval, francês, que se recusou a pagar a dívida; a conta era no valor de sete milhões de francos de ouro.

A situação interna na França, com um governo desmoralizado e em dificuldades financeiras, levou a uma tomada de decisão trágica, à invasão e a várias guerras, o que não deixou de ser uma "manobra diversionista", para opinião pública interna francesa.

Com o comando da força expedicionária nas mãos do Conde de Bourmont e em 675 navios civis e militares, no total, a cargo do Almirante Guy Victor Duperré, trinta e sete mil soldados, quatro esquadrões de cavalaria e oitenta e três canhões desembarcam em território argelino em junho 1830. No dia 5 de julho, a cidade de Argel capitula perante as forças francesas coloniais. No dia 10 de julho, o Pachá Hussein é enviado para a Itália. Assim, a França toma posse de mais uma colônia.

Com a tomada posterior de Orã e Bône em 1831, não resta aos argelinos patriotas outra coisa que lutar pela liberdade. Em 1832, Abdelkader é apresentado por seu pai para ocupar o lugar de líder da resistência, como Emir (príncipe) – ele tem 24 anos nesta data. O pai do Emir seria o nome natural para a missão, mas sua saúde delicada o impediu. O estabelecimento da liderança de Abdelkader não foi tranquilo, já que algumas tribos argelinas, por falta de visão histórica ou política, se opunham ao seu comando. Mas sua competência e capacidade foram se estabelecendo com o tempo.

Em 26 de fevereiro de 1834, são assinados dois tratados entre Abdelkader e o General francês Desmichels, em que é reconhecida a soberania do "Emir dos crentes" em áreas específicas da Argélia, que havia tomado a cidade de Tlemecén e outra localidades. O país ficou dividido em áreas de controle árabe, com o Emir, e em partes francesas. Aos poucos, o Emir vai estendendo seus domínios e influências. Naturalmente, ele tem por objetivo a liberação total do território argelino, e isso vai levando a choques sucessivos com a potência colonial.

Em 28 de junho 1835, Abdelkader enfrenta e derrota o General Camille Alphonse Trézel em "La Macta".

Em 1836, o Emir, sempre enfrentando, normalmente, forças maiores e mais bem armadas, sofre algumas derrotas, mas consegue reagrupar seus combatentes e também impõe derrotas aos francos, o que os leva a negociar um novo tratado, estando a França, agora, sob o reinado de Luiz Felipe. No dia 30 de maio 1837, o Tratado de Tafna é assinado pelo General Thomas Robert Bugeaud, reconhecendo Abdelkader como governante de dois terços da Argélia. Sem dúvida, uma vitória extraordinária do chamado "Napoleão do deserto".

Nos períodos que se seguiram, o líder árabe procurou consolidar seu poder e demover líderes tribais de suas oposições à sua liderança, cuja visão era de estadista, e não meramente de tribo ou clã.

Mas o Tratado de Tafna logo foi desrespeitado, pois algumas de suas cláusulas davam margem a dupla interpretação; houve tentativas conduzidas pelo Marechal Sylvain-Charles Valée de renegociar o mesmo, mas não se chegou a um acordo.

Logo a guerra voltou. Thomas R. Bugeaud foi nomeado Governador Geral da Argélia, com objetivo de concretizar definitivamente a colonização.

O general T. Bugeaud, apesar de tudo e de sua caça implacável ao Emir, reconhecia que Abdelkader não era um adversário comum, e em um dos seus depoimentos sobre ele disse:

Este homem de gênio, que a história deve colocar ao lado de Jugurtha (rei da Numídia, inimigo feroz dos romanos), é pálido e parece bastante ao retrato que muitas vezes foi dado por Jesus Cristo.

As tremendas forças coloniais sob comando do General Bugeaud e do Duque d' Aumale e as limitações logísticas, entre outras, infringiram derrotas ao Emir, que se viu obrigado a se refugiar no Marrocos em 1843. O Emir tenta a insurgência, com apoio marroquino, contra a França, mas as forças marroquinas são derrotadas na Batalha de Isly em 1844 pelo General Bugeaud. Apesar da resistência do argelino em áreas na fronteira da Argélia com o Marrocos, o combate tornou-se inviável, pois o Sultão do Marrocos foi, finalmente, obrigado pelos franceses a perseguir Abdelkader. Em vista da inutilidade dos combates e para preservar mais vidas, o "Emir dos crentes", o "leão do deserto", rende-se sob condições: a preservação da integridade de sua família e o exílio no Egito ou na Palestina. Suas condições foram aceitas. E ele depõe suas armas frente ao General Christophe Léon L. Juchault de Lamoricière em 23 de Dezembro de 1847.

Não interessava aos francos criar um mártir, em especial uma personalidade tão reconhecidamente respeitada no mundo árabe. A morte do Emir causaria, certamente, uma revolta de grandes proporções, além de resultados imprevisíveis na África do norte e em todo oriente médio.

Diga-se, também, que ele (o Emir) foi o precursor na aplicação de leis sobre os direitos dos prisioneiros de guerra – soldados franceses capturados não podiam ser maltratados ou torturados –, o que mesmo hoje (2020), em muitos casos, lamentavelmente, não acontece.

Em 1844, o Emir Abdelkader chega à França continental, permanecendo temporariamente no Fort Lamalgue. Depois, é confinado no Castelo de Pau, antes de seguir para o Castelo de Amboise e ser, finalmente, libertado, em 1852, para a Turquia, chegando à Síria.

A Argélia foi declarada parte "legalmente" integrante da França, da qual foi se libertar somente em 1962. A liberação veio por uma guerra sangrenta, entre 1954 e 1962, que deixou mais de 1.500.000 mártires e um êxodo de 900 mil colonos de origem europeia.

Um só herói: o povo.
(Frase nos muros argelinos durante a última guerra,
de libertação.)

Quando constatamos quão poucos são os homens
genuinamente de religião,
quão pequeno o número de defensores da verdade;
quando vemos pessoas ignorantes imaginando
que o princípio da religião é extravagância e brutalidade
– é tempo de repetir estas palavras:
"A paciência é bela, e Deus é a fonte de todo socorro."
(Corão 12:18)

(Citação do Emir Abdelkader em *Homens*
de um livro só – Mateus Soares de Azevedo,
Ed. Nova Era, pp.29-30, RJ, 2008)

A FRANÇA

Na França, o "derrotado" prisioneiro iniciou a conquista do coração dos "inimigos franceses"; no período em que ficou no Castelo de Pau, ele recebia visitas de personalidades que ficavam magnetizadas por sua presença. Os visitantes não encontravam apenas um líder militar, mas um diplomata, um intelectual movido por filosofia e religiosidade.

No Castelo de Amboise, fazia visitas frequentes à biblioteca, já que a sua havia sido perdida na guerra na Argélia, e sua curiosidade mental era insaciável. Em Amboise, ele escrevia e recebia visitas, mantendo encontros regulares e debates sobre filosofia e espiritualidade com visitantes e intelectuais diversos, onde seu humanismo ganha cada vez mais destaque.

Finalmente, em 1852, após longa espera, foi autorizado a se exilar na Turquia, na condição de não voltar à sua Argélia natal.

O EXÍLIO

Ele chegou em Istambul em 1853 e se domiciliou em Brusa, região da Anatólia, onde viveu até 1855. Com permissão do governo turco, mudou-se finalmente para Damasco, na Síria, após um forte terremoto em Bursa. Em Damasco, a residência que pertenceu ao mestre espiritual Ibn Arabi lhe foi oferecida.

O Emir sempre respeitou escrupulosamente as condições de seu exílio, e sua honorabilidade era reconhecida e exaltada, mesmo, e especialmente, por seus antigos inimigos.

O General T. Bugeaud, em uma de suas cartas, descreve Abdelkader como:

É uma espécie de profeta, e a esperança de todos os fervorosos muçulmanos.

Na Síria, segundo o depoimento do biógrafo Charles Henry Churchil, ele ocupava seu tempo sempre em atividades. Levanta-se cedo para as orações ritualísticas e meditações; em geral, passava três horas por dia ensinando na mesquita ou em consultas à sua biblioteca; e recebia visitantes ilustres, como Sir Richard Burton, o famoso explorador britânico. Além disso, ocupava sua mente e seu tempo na educação dos inúmeros filhos. Abdelkader teve nove filhos; alguns mantiveram nacionalidade francesa e outros turca, devido a questões políticas nacionais e/ou por opção pessoal.

É na Síria que acontece o famoso incidente bélico entre os drusos e os cristãos que leva à intervenção de Abdelkader, salvando milhares de pessoas – homens, mulheres e crianças – do massacre. Daí suas condecorações e reconhecimento, inclusive da França, que em sua condecoração, admiravelmente escreveu:

A França que o combateu o ama e admira.

CRONOLOGIA E DATAS IMPORTANTES

1808	Nasce próximo a Mascara.
1832	Em 22 de novembro, Abdelkader é apresentado por seu pai às tribos Hachem Beni-Amer. Ele tem 24 anos. Torna-se Emir dos árabes do Sul da atual Argélia.
1834	Recebe um reino em torno de Mascara por meio de tratado com o General francês Desmichels.
1837	Assina o Tratado de Tafna, que lhe assegura a posse da província de Orã e parte de Argel.
1839	Volta à luta contra os franceses.
1843	A *smala* (sua cidadela móvel, acampamento, centro de comando) é tomada pelo Duque de Aumale.
1847	Seu aliado, o Sultão de Marrocos, é derrotado em Isly. Rende-se ao General Lamoricière.

1847 a 1852	Vive como refugiado na França.
1848	O Emir propõe visitar o Papa para diálogo inter-religioso.
1853	Muda-se para Bursa.
1855	Muda-se desta vez para Damasco.
1860	Salva milhares de cristãos de Damasco de um massacre.
1869	Inauguração do Canal de Suez com a presença do Emir.
1876	Encontro com Dom Pedro II, Imperador do Brasil.
1883	Falece em Damasco e é enterrado próximo ao túmulo de Ibn Arabi, seu mestre inspirador.
1962	Independência da Argélia.
1966	Os seus restos mortais são transferidos, com honras de Chefe de Estado, para a Argélia, em meio a uma comoção popular e grande recepção nacionalista.

Cerimônia de recepção do féretro do Emir Abdelkader de volta para Argélia em junho de 1966 .

Emir Abdelkader

O ESTADISTA E O POLÍTICO

A unificação argelina sempre foi o objetivo final de Abdelkader, pois sabia que sem ela não poderia se livrar do domínio estrangeiro, fosse turco ou francês. Assim, não hesitava em admoestar as tribos argelinas, que às vezes lutavam entre si, o que facilitava o serviço da ocupação francesa. Também não deixava de ter uma visão a longo prazo da unidade africana, ao pressionar o governo marroquino de então para que este o ajudasse no seu combate ao colonialismo, mesmo que para isso ameaçasse sublevar as tribos marroquinas contra o governo central (do Marrocos). Nunca devemos esquecer que o Emir era um líder moral e espiritual de grande envergadura, admirado onde quer que fosse. Consumada, porém, a derrota perante forças demasiado superiores militarmente, ele nunca perdeu a batalha da integridade moral e ética, a ponto de numa das eleições na França seu nome ter sido colocado em muitas cédulas de votação por franceses, revoltados com seus políticos e ao mesmo tempo admirados pelas qualidades do argelino.

Também foi esta visão de longo curso que fez com que ele influenciasse as autoridades egípcias na autorização da construção do Canal de Suez, estando presente em sua inauguração com Ferdinand de Lesseps. A construção do canal, de importância estratégica e comercial, continua rendendo lucros ao governo egípcio, desde então.

A "primeira estação de separação" corresponde ao estado do homem comum que percebe o universo como distinto de Deus. A partir daí, o itinerário iniciático leva o ser primeiro à extinção na Unidade divina,
que abole toda a percepção das coisas criadas. Mas a realização espiritual, se estiver completa, chega depois à "segunda estação de separação", onde o ser percebe simultaneamente aquele no múltiplo e o múltiplo no único.

Emir Abdelkader

O HUMANISTA E O MESTRE ESPIRITUAL

"Colecione como pérolas as palavras do sábio e do virtuoso."

Emir Abdelkader

O sufismo é a via interna do Islã, como acontece em todas as religiões do tronco abraâmico, que sempre tiveram aspectos externos e internos. Jesus mesmo sempre falava por parábolas, atestando níveis diferentes de conhecimento/sabedoria. A lei externa, *Sharia*, se contrapõe e se complementa com o T*assawuf*, o sufismo. Esta busca espiritual e interior sempre foi o *leitmotiv* do Emir. Assim, suas ações nos campos político, militar, intelectual e cotidiano sempre tinham a motivação da autossuperação, da espiritualidade e da compaixão.

Mesmo durante a guerra de libertação contra a França, o tratamento dado aos prisioneiros era humanitário; o soldado aprisionado era visto prioritariamente como ser humano, não mais um inimigo.

E assim era tratado expressamente. Suas ações e orientações nesse sentido precedem em mais de cem anos as normas da Convenção de Genebra, em relação a prisioneiros de guerra.

Seu tratamento cortês aos prisioneiros franceses era de tal forma constrangedor aos invasores franceses que os oficiais faziam todo o possível para esconder este comportamento. Afinal, a propaganda oficial era que os francos estavam combatendo bárbaros em nome da civilização. Conforme confidenciou um dos coronéis franceses, Géry, a um Bispo argelino:

> *Nós somos obrigados a ser o mais duro possível em esconder essas coisas [o tratamento humanitário dos prisioneiros do Emir] dos nossos soldados. Pois, senão eles não se apressariam com tanta fúria para combater Abdelkader.*

As palavras de Abdelkader eram claras:

> *Todo árabe que tenha em sua posse um francês [prisioneiro de guerra] deve tratá-lo corretamente e levá-lo até o califa ou ao próprio Emir tão logo seja possível. E se o prisioneiro denunciar algum mal trato, o árabe não receberá nenhuma recompensa.*
>
> (*Le Chevalier de La Foi* – Mohamed Cherif Sahli; *Entreprise Algerienne de Presse*, 1967, Argel, pp.131-132)

O testemunho dos que conviveram com ele, mesmo durante o exílio e a prisão na França, são eloquentes, em especial o de religiosos cristãos. A freira, Irmã Nataly, da Ordem Dominicana, que conviveu com a família do Emir durante o aprisionamento em Amboise, disse:

> *Apesar de certas diferenças teológicas, não há virtude cristã que Abdelkader não pratique no seu mais alto grau.*

Foi em Damasco, porém, que sua fama mundial se firmou ainda mais, quando numa guerra aberta entre drusos e cristãos, na eminência de um massacre ou limpeza étnica em 1860, ele salvou da morte milhares de pessoas (os números não são exatos, mas apresenta-se uma quantidade de até 15.000), todas cristãs. Duzentos emissários do Emir trabalharam durante cinco dias e noites no afã de recolher os cristãos e levá-los para áreas protegidas, sob controle argelino. Em alguns casos, para salvar os cristãos, eles foram até mesmo comprados, para serem libertos em áreas seguras.

Relatos dos documentos do Consulado de Damasco (registro de correspondência n ° 10, 28/07/1860):

Em 28 de julho, o Sr. Outrey, Cônsul francês em Damasco, relata ao Sr. de Lavalette, Embaixador francês em Constantinopla, os seguintes fatos:

Todos os que conseguiram escapar devem sua salvação à intervenção dos argelinos [a mando de Abdelkader], *que demonstraram ousadia, energia e dedicação pelas quais não se pode admirar o suficiente [...].*

O medo/respeito que nossos argelinos inspiraram é tal que em nenhum lugar eles precisaram de suas armas.

Eles abriram caminho e, com incrível coragem, não pararam durante toda a desordem e no meio da carnificina para trazer de volta comboios às vezes de cem ou duzentas pessoas, que os insurgentes nunca ousaram atacar.

(*Abd El-Kader, un spirituel dans la modernité*, Ahmed Bouyerdene, Éric Geoffroy, Setty G. Simon-Khedis[1].

Assim, um muçulmano, derrotado e exilado por uma esmagadora força colonial imperialista, não lavou as mãos, mas fez o que sua consciência humanitária clamava, e o que o livro sagrado, o Alcorão, diz explicitamente:

5:32. Por isso, prescrevemos aos israelitas que quem matar uma pessoa, sem que esta tenha cometido homicídio ou semeado a corrupção na Terra, será considerado como se tivesse assassinado toda a humanidade.

(Alcorão)

---

1 https://books.openedition.org/ifpo/1832)

O texto abaixo é a resposta de Emir Abdelkader ao Bispo de Argel, Louis Pavy, que agradeceu por sua intervenção em nome dos cristãos de Damasco durante os massacres de 1860:

> *O que fizemos aos cristãos* [em Damasco], *tivemos que fazê-lo pela fidelidade à fé muçulmana e para respeitar os direitos da humanidade* [huqûq al-insâniyya]. *Pois todas as criaturas são a família de Deus, e os mais amados por Deus são os mais úteis para sua família. Todas as religiões trazidas pelos profetas de Adão a Muhammad são baseadas em dois princípios: a exaltação do Deus mais elevado e a compaixão por suas criaturas. Além desses dois princípios, há apenas ramificações nas quais as diferenças são irrelevantes.*
>
> *E a lei de Mohamed* [A paz esteja com ele e os seus!] *está entre estas doutrinas, aquela que mostra o maior apego e dá a maior importância ao respeito da compaixão e da misericórdia; e tudo isso garante a coesão social e preserva da dissensão.*
>
> (citado em *The Emir Abd El Kader Witness e Visionary*, de P. Lory, D. Rivet, H. Teissier et al, pp. 37-38, Ibis Press, Paris, 2004)

Devido às suas ações na Síria, a fama de Abdelkader tornou-se ainda maior, tendo sido condecorado pelo governo francês com a "Legião de Honra".

Em reconhecimento, foi presenteado por Abraham Lincoln, Presidente dos Estados Unidos, com duas pistolas Colt.

Foi saudado e recebeu agradecimentos do Papa Pio IX:

> *Abdelkader fala como um teólogo na Sorbonne e está em perfeita comunhão com o Papa quando ele diz: "A fé está acima da razão, mas como os dois vêm de Deus, não pode haver conflito entre eles, apenas apoio mútuo."*
>
> *(Introdução à Academia Francesa de Ciências,* Gustave Dugat, 1858*)*

A Grécia o condecorou com a "Grande Cruz do Salvador."

Também por intervenção de Abdelkader, escapou da fúria da guerra civil na Síria o Vice-cônsul russo, Makeev, que foi salvo da morte iminente. Os méritos de Abd el-Kader foram muito apreciados pela Rússia, que o premiou com a "Ordem da Águia Negra".

E já que mencionamos a Rússia czarista, o *Imam* Shamil, que foi um líder político e religioso (escola Naqshbandi) dos muçulmanos do Cáucaso do Norte e esteve à frente da resistência contra o Império Russo na Guerra do Cáucaso, sendo o terceiro *Imam* do Daguestão e da Chechênia, entre 1834 e 1859, encontrou-se com o Emir Abdelkader em Meca durante uma das peregrinação do argelino, com quem travou amizade. Ao saber dos acontecimentos de guerra civil na Síria e das ações de Elkader, o *Imam* Shamil respondeu imediatamente aos incidentes com uma carta ao Emir, em 1860:

> *Meus ouvidos foram atingidos por uma mensagem insuportável de ouvir e contrária à própria natureza, sobre o que aconteceu entre muçulmanos e não crentes, e que não deveria ter acontecido, especialmente porque ameaçava espalhar uma revolta entre todos os muçulmanos. Meus cabelos ficaram de pé por todos esses horrores, o sorriso desapareceu da minha face.*
>
> *[...] Que você se reconcilie com o Todo-Poderoso, o Altíssimo! E que Ele o abençoe com riquezas e filhos, porque você cumpriu as palavras do grande Profeta, enviado por Deus como misericórdia para a humanidade, e não permitiu o entrincheiramento de inimizade em relação a nós por causa de nossa fé.*

Por sua vez, o Emir Abdelkader respondeu ao *Imam* Shamil, em 1861:

> *A violência triunfa em todos os países, e seus resultados são vergonhosos. No entanto, em nossos dias de tentação, as pessoas estão perdendo a cabeça a tal ponto que não veem nada. Como é triste ver tão poucas pessoas religiosas e que ainda recorrem ao poder da justiça. São tão poucas que os ignorantes começaram a acreditar que a fonte da fé no Islã é a grosseria, a crueldade e o desapego a toda virtude.*

O “JUDAS” DO EMIR ABDELKADER

Parece ser destino de grandes mestres espirituais ou líderes, serem traídos por pessoas próximas, invejosas ou compradas, tais como Judas Escariotes em relação a Jesus. Assim foi com o Emir, reproduzimos aqui um trecho do facínora Léon Roche em que nos interessa somente o descrever dos estados alterados de consciência do Emir(grifados por nós no texto abaixo), observados por Roche na tenda do líder argelino. E comparado pelo traidor como similar aos “transes” dos santos cristãos.

“Durante o período 1835 -1839 da invasão francesa da Argélia, o oficial francês Léon Roche foi designado como espião para tentar buscar fraquezas na imbatível resistência argelina liderada pelo mestre sufi Emir Abdelkader al-Jazairi. Apresentando-se como um “muçulmano convertido’’, Léon, que falava árabe fluente, logo tornou-se muito próximo de AbdelKader, ganhando sua amizade. Após descoberta sua traição e verdadeiras intenções, e ver nos olhos do líder argelino mais desprezo e tristeza que raiva, Léon fugiu, entregando mais tarde diversas informações que auxiliariam os franceses a derrotar Abdelkader, e aprisiona-lo, pondo fim a resistência anti-colonização liderada pelo santo guerreiro.

Em suas memórias, muitas das quais contidas em seu livro Trente-deux ans à travers l'Islam ("Trinta e dois Anos através do Islã''), Léon Roche escreveu uma interessante passagem sobre Abdelkader al-Jazairi:

"A noite, acordei me sentindo bem(havia estado doente). Abri os olhos e me senti revivido. O pavio enfumaçado de uma lâmpada árabe mal iluminava a vasta tenda do Emir. Ele estava a três passos de mim, pensando que eu estava dormindo. Ergueu seus dois braços a altura da cabeça, exibindo sua capa e túnica branca leitosa, que caiam em soberbas dobras. Seus lindos olhos azuis, forrados com cílios pretos, olhavam para cima. Seus lábios, ligeiramente abertos, pareciam ainda recitar uma oração, mas não obstante, estava imóvel. Ele chegara a um estado de êxtase. Suas aspirações ao céu eram de tal ordem que ele parecia não mais tocar a terra. Às vezes, recebi a honra de dormir na tenda de Abdelkader e eu o vira em oração, sendo atingido por seus êxtases místicos. Mas nesta noite, ele representou para mim a imagem mais impressionante da fé. Os grandes santos do cristianismo devem ter rezado desta maneira. "

Fonte: https://www.facebook.com/historiaislamica/

Os estados espirituais diferenciados no sufismo são conhecidos e divididos em dois tipos: "Maqam e Hal", sendo Hal estados passageiros, considerados "graças" ou dádivas, que surgem sem controle. Já Maqam são estados em que se podem entrar com auto-controle e vontade , mediante longo e árduo treinamento, normalmente, sobe a supervisão de um Mestre.

O mais incrível é que depois de observar tais cenas e conviver de perto com Abdelkader , Roche ainda assim o traiu . O seu relato "Trinta e dois anos através do Islã", confirma os aspectos espirituais e virtuosos da trajetória do Emir e envergonha profundamente a biografia de Léon Roche, empurrando-o para o lixo da história humana.

IBN ARABI E O EMIR ABDELKADER

E. Abdelkader refere-se a Ibn Arabi:

> *Ele é o nosso tesouro, a fonte do que escrevemos, seja de sua forma espiritual, seja do que ele escreveu em suas obras.*

Talvez, a mais importante influência religiosa e espiritual sobre o Emir tenha sido do chamado "*as Sheik al Akbar*", ou seja, o "Maior de todos os Mestres". Ibn Arabi, cujo nome completo era Abū Bakr Muhammad ibn 'Alī ibn 'Arabi, nasceu em Múrcia, Espanha, em 1165, e faleceu em Damasco, em 1240. Mais conhecido como Ibn Arabi, foi um místico sufi, filósofo, poeta, viajante e sábio hispano-muçulmano de Al Andalus; uma sumidade que escreveu 800 livros, influenciou São João da Cruz, Dante Alighiere e Jalal uddin Rumi, o maior poeta em língua persa, criador dos *dervishes* rodopiantes.

Quando o argelino chegou a Damasco, seu local final de exílio, depois de ter passado pela Turquia, vindo da França, ele se dirigiu em primeiro lugar à tumba de Ibn Arabi, para prestar reverências.

Toda obra filosófico-espiritual do Emir tem o perfume da sintonia com as teorias *akbarianas*, como são chamadas as ideias de Ibn Arabi.

> *O principal para ti é prestar atenção a todo o momento, estar atento ao que chega à tua mente e ao teu Coração. Reflete sobre estes pensamentos e sentimentos. Analisa-os. Tenta controlá-los. Tem cuidado com os desejos do teu ego, salda tuas dívidas para com ele.*
>
> **Ibn Arabi**

Além da admiração e reverência ao sábio Al Andalus, o Emir mandou republicar algumas das obras centrais do mesmo, como *As revelações de Meca* (Al-Futûhât al-Makkiyya). O humanismo de Abdelkader é um espelho de sua consciência, e parece refletir as palavras de Ibn Arabi, como no poema que se segue:

> *Ó Maravilha, um jardim por entre as chamas!*
> *Meu coração tornou-se capaz de todas as formas:*
> *É um pasto de gazelas, o convento do cristão,*
> *um templo para os ídolos, a Caaba do peregrino,*
> *o rolo da Torá, o texto do Corão.*
> *Sigo a religião do Amor.*
> *Para onde quer que avancem as caravanas do Amor,*
> *lá é meu credo e mantenho minha fé.*
>
> **Ibn Arabi**

A primeira visita em Damasco foi a tumba do mestre, e a despedida da vida física foi no mesmo local... O corpo do Emir Abdelkader foi enterrado próximo ao do mestre da Andaluzia, onde permaneceu até 1966, quando então seus restos mortais foram transladados à sua terra natal, a Argélia querida, onde seu corpo ali descansa em paz.

O QUE É O SUFISMO?

Alguns tolos consideram que a confiança em Deus consiste em sentar-se ociosamente com as mãos postas e não fazer nada.

(Al Ghazzali, *em Teorias da Personalidade* - James Fadiman e Robert Frager, p. 350, Ed. Harbra, SP, 1979)

Uma definição do homem, segundo a tradição, é "aquele que esquece", pois o homem esqueceu sua origem, seu objetivo e o caminho do volta ao Absoluto. Com o aparecimento do Profeta Mohamed (A paz esteja com ele e os seus.), além do caminho e da lei externa, *Sharia*, foi revelado o caminho interno a discípulos escolhidos. E tal como Jesus, que falava por parábolas, o Profeta ensinava a um grupo seleto, em separado, a lembrança das origens, dos objetivos e do caminho espiritual.

Tais ensinamentos e técnicas foram passados de mestre a discípulos ao longo do tempo, numa cadeia sem interrupções. Estas linhagens são chamadas de *Silsilah* (corrente de transmissão de sabedoria), dentro de *Tarikas* (escolas), onde esses treinamentos aconteciam. Mestres treinam discípulos que um dia se transformarão em mestres, e assim sucessivamente até os dias de hoje.

Além do conhecimento "técnico" dentro destas escolas, de acordo com a cadeia (*silsilah*) de cada uma, é passado a Baraka (poder espiritual), ou seja, benção.

Como é definido um sufi? Segundo Ali Al Hujwiri (1009-1072/77), mestre sufi nascido no Afeganistão e enterrado em Lahore, atual Paquistão, o sufi é:

> *Aquele cujo pensamento acompanha seus passos, isto é, ele está todo presente: sua alma está onde seu corpo está, e seu corpo está onde se encontra sua alma; e sua alma está onde seus pés estão, e seus pés estão onde está sua alma. Este é o sinal da presença sem ausência.*
>
> (*Teorias da Personalidade* – James Fadiman e Robert Frager, p. 348, Ed. Harbra, SP, 1979)

Devido às peculiaridades de cada mestre em uma escola específica, às vezes nascem outros grupos com ênfases em determinadas práticas ou ensinamentos. Dessa forma, ao longo do tempo, muitas escolas surgiram. O Emir Abdelkader foi iniciado em três delas: Shadhilita, Naqshbandi e Kadiry.

Mas o que acontece dentro de uma escola sufi, além do serviço ao mestre e do apoio à comunidade? No sufismo, ou *Tassawuf*, em árabe, além das práticas religiosas ortodoxas e orações regulares, cinco vezes ao dia, do Islã, existe uma série de práticas "extras":

Bayat (Iniciação) – o primeiro passo é a iniciação, ou seja, ser admitido numa escola de um mestre espiritual, dentro de uma linhagem corretamente estabelecida, numa Zawuia ou Tekia, o equivalente a templo.

Zikr (lembrança de Deus) – invocação de um ou mais dos noventa e nove nomes sagrados de Deus, silenciosa ou verbalmente. Tal prática pode ser feita em grupo ou solitariamente.

Jejum – prática periódica ou eventual, além do Ramadã islâmico.

Khalva (retiro espiritual) – retiros meditativos solitários, em celas individuais.

Dança – em algumas escolas turcas, como a Mevlevi, o rodopio dançante dervishe é um exercício psicoespiritual comum.

Auto-observação – atenta observação dos desejos em seu surgimento, assumindo controle sobre eles.

Observação da respiração – praticado na escola Naqshibandi, entre outras, onde se diz que não se deve "respirar em esquecimento".

Variados tipos de meditação – com ou sem visualizações.

Como exemplo das indicações, o famoso mestre Abu Kadir Gilani (1077/1116), fundador da ordem Kadiry, deu os seguintes conselhos aos buscadores espirituais em seu texto "O suficiente para os buscadores da via da verdade":

1. *Não falar mal de uma pessoa ausente;*
2. *Evitar suspeitar de alguém;*
3. *Abster-se de fofocar e murmurar;*
4. *Abster-se de olhar coisas proibidas;*
5. *Sempre falar a verdade;*
6. *Sempre ser grato a deus;*
7. *Dispensar dinheiro ajudando pessoas que merecem ajuda;*
8. *Abster-se de buscar status mundano;*
9. *Rezar regularmente;*
10. *Seguir a tradição e cooperar com os fiéis.*

(*Mística Islâmica* – Mateus Soares de Azevedo, p. 54, Ed. Vozes, Petrópolis-RJ, 2001)

O sufismo é, pois, um caminho espiritual por excelência dentro da tradição islâmica, a ponte espiritual com as místicas abraâmicas – um apelo à paz e ao entendimento, bem como uma autocultura em busca da Unidade.

VISÃO SINTETIZADA DAS ESCOLAS INICIÁTICAS DO EMIR

A escola Shadhilita é uma ordem sufi do Islã sunita (o sufismo dispõe de escolas xiitas também), fundada por Abul Hasan Ali ash-Shadhili, do Marrocos, no século XIII. Seguidores da escola Shadhilita ou Shadhiliya são conhecidos como *Shadhilis*, muito influentes no Norte da África e do Egito.

Entre as figuras mais conhecidas, por suas contribuições literárias e intelectuais, estão: Ibn 'Ata Allah, autor do famoso *Hikam*; Ahmad Zarruq, autor de inúmeros comentários e obras; e Ahmad ibn Ajiba, que também escreveu numerosas ponderações e obras. O Emir foi iniciado neste grupo por Muhamad al Farsi al Shadhili.

Todo aquele que perseverar na invocação [a Deus] descobrirá que as luzes lhe chegam constantemente e que os véus de coisas invisíveis lhe são arrancados.

Ibn Attah Allah

Na escola Naqshbandi, teria sido iniciado por Khalid al Naqshbandi, em Bagdá. A ordem foi fundada pelo *Sheik* Baha-ud-Din Naqshband al-Bukhari e traça sua linhagem espiritual ao Profeta Muhammad (A paz esteja com ele e os seus!) através de Abu Bakr, companheiro do Profeta e primeiro califa. O *Sheik* Baha-ud-Din, o fundador, nasceu em 18 de março de 1318 em uma vila perto de Bukhara, mais tarde renomeada Qasr-i Arifan, agora Uzbequistão; e foi lá que ele morreu e foi enterrado em 1389. Seu túmulo, um mausoléu com edifícios circundantes localizados a 12 km de Bukhara, é hoje um lugar de peregrinação. A ordem de Naqshbandi deve muitas de suas práticas a Yusuf Hamdani e a Abdul Khaliq Gajadwani, do século 12, sendo este último o responsável pela prática da invocação puramente silenciosa da ordem. A ordem (Naqshbandya) é, às vezes, referida como "o sublime caminho sufi" e "o caminho da cadeia dourada". Da época de Shah Naqshband em diante, passou a ser chamada de "an-Naqshbandiyya"[2].

Qualquer conexão do seu coração com outra que não Allah é o maior véu para o buscador.

Shah B. Naqshband

---

2 *(Fonte: https://iqaraislam.com /os-misticos-do-isla-ordem-naqshbandi).*

A escola Kadiry foi fundada por Abu Kader Gilani, que era um pregador muçulmano *hanbali* (escola de jurisprudência islâmica) sunita, ascético, místico, jurista e teólogo. Ele nasceu em 23 de março de 1078 na cidade de Na'if, distrito de Gilan-e Gharb, Gilan, Irã, e morreu em uma segunda-feira, a 21 de fevereiro de 1166, em Bagdá. Era a escola do pai e do avô do Emir. São atribuídos grandes milagres ao *Sheik* Abu Kader Gilani, que, segundo a tradição, tinha muitos poderes psíquicos e espirituais (*Karamat*). O *Sheik* Abu Kader Gilani é considerado padroeiro da Argélia. O Emir Abdelkader e seu pai visitaram pessoalmente o túmulo desse santo na volta de sua primeira peregrinação a Meca, viagem que durou dois anos, com muitas paradas e visitas a sábios.

Escute seu coração e não seu ego. Seu ego pede que você se vanglorie de afirmações vãs para obter a glória deste mundo. Afaste-se da vaidade e busque-O nos recessos do seu coração e da sua alma.

Sheik **Abu Kader Gilani**

“Vire o rosto para a mesquita sagrada.”
(Corão 2: 144, 149, 150).

Comentário: *A palavra “sagrado” significa que um coração que não se desvencilhou da esfera da alma e da esfera dos seres criados é proibido de penetrar neste local. [...] “Onde quer que você esteja, vire o rosto”* [em direção à mesquita sagrada] significa: *onde você estiver, na realização de obras de adoração ou nos atos comuns da vida, contemple-O – no que você come, no que bebe ou com quem você se casa, sempre sabendo que Ele é, ao mesmo tempo, o Contemplador e o Contemplado...*

Emir Abdelkader

UM HOMEM DO SEU TEMPO E ALÉM

Sendo um homem de visão além do seu tempo, o apoio de Elkader para a construção do Canal de Suez é uma demonstração dessa visão futurista. Ele atraiu a atenção de muitos pensadores e intelectuais, entre eles o Imperador do Brasil, quando de sua famosa viagem ao Oriente Médio. O relato curioso de viagem foi reproduzido na tese de mestrado de Noeli Zuleica Oliveira, USP, 2013 ("D. Pedro II: vínculos com o judaísmo"), da qual apresentamos um trecho:

Dom Pedro, Imperador do Brasil

> *Durante sua visita à Síria, Pedro II quis conhecer o Emir Sidi-El-Hady El Kader Uled Muhi Ad Din, um dos descendentes diretos do Profeta Maomé, mencionado no Diário como Abd-El-Kader; é possível que esta visita tenha sido programada, já que o anfitrião era o maior líder da resistência islâmica ao domínio francês na África do Norte. El-Kader era Emir dos*

*árabes argelinos, ficou conhecido mundialmente por ter ajudado os cristãos maronitas do Monte Líbano, que estavam a ser perseguidos pelos drusos durante o Conflito do Líbano de 1860. A recepção deve ter impressionado o monarca, que descreve, com detalhes, o ilustre personagem: "Homem baixo, nariz ligeiramente aquilino, olhos pequenos e vivos [...]. Parece ter a cabeça raspada sob o turbante [...]. Traja simplesmente, e tinha chinelas de marroquim amarelo. O cabelo é preto e a barba não é grande." O encontro foi marcado pela simplicidade, e o maior motivo da visita era o fato de que Abd-El-Kader protegia os cristãos da perseguição e, até, do assassinato por árabes islâmicos e drusos. O tratamento dispensado ao governante brasileiro foi "amável e reconfortante". Dom Pedro provou do chá de hortelã-pimenta que lhe foi servido, porém recusou o convite de El-Kader para que conhecesse seu harém. O líder árabe também convidou Dom Pedro para visitar a residência de seu primogênito, onde o clã acomodava todos os seus membros em duas casas com pátio e árvores; tratava-se de homem rico e famoso, embora desconhecido da cultura ocidental. Pôde apreciar as medalhas que a França conferiu ao Emir, por sua atuação na África, com os seguintes dizeres: "*La France qu il a combattue l aime e l admire." *["*A França que ele combateu o ama e admira"*]. Na troca de presentes, contemplou El-Kader com um livro filosófico, escrito em árabe e traduzido para o francês. Este inesquecível encontro muito enriqueceu a experiência política do Imperador, e foi uma forma de aproximar a misteriosa Síria do desconhecido e longínquo Brasil, pois o Imperador muito desejava estimular a imigração árabe para o Brasil.*

Outro personagem que conviveu com o Emir foi o explorador e escritor britânico mundialmente conhecido, Sir Richard Francis Burton (1821/1890), também iniciado no sufismo quando de sua permanência e passagem pela Índia, e tendo visitado o Brasil como Cônsul da Grã-Bretanha. Burton era iniciado na Ordem Kadiry, uma das organizações de que Elkader fazia parte. Sobre o Emir, R. Burton se expressou da seguinte forma:

> *Um muçulmano conscienciosamente religioso.*
>
> *(Sir Richard Francis Burton,* Edwar Rice, p. 409, Companhia das letras, SP, 1990*)*

Sir Richard Burton e esposa tinham uma amiga da nobreza russa, interessada em assuntos espirituais, a Sra. Helena Petrovna Blavatsky, que conhecia Damasco e o Oriente Médio em geral. A Sra. Blavatsky era expert em religiões comparadas e mencionou ter conhecido os *Marabuts* de Damasco em uma das suas cartas. Como era amiga dos Burtons e visitou Damasco quando o Emir vivia na cidade, ela também deve tê-lo conhecido. A Sra. Blavatsky fundou a Sociedade Teosófica, organização de estudos de religiões que hoje existe em mais de 60 países. Quem sabe houve aí mais uma influência benéfica, pois esta organização tem por objetivo a fraternidade universal.

Elkader City – Iowa (EUA)

Quando a comunidade foi definida em 1846, os fundadores da cidade, Timothy Davis, John Thompson e Chester

ALGERIE
0,95
الأمير عبد القادر
L'EMIR ABDELKADER
POSTES

Sage, decidiram registrá-la com o nome do já famoso jovem argelino que estava liderando seu povo na resistência à conquista imperial francesa. A cidade Elkader é pequena, com pouco mais de 1.200 habitantes, nos registros de 2018, e é conhecida por sua ponte sobre o Rio Turquia, considerada a maior ponte em arco de pedra a oeste do Rio Mississipi.

> *Recentemente, a conexão pouco lembrada entre a Iowa rural e o Oriente Médio foi revivida. Nos últimos seis anos, a cidade sediou o fórum internacional do Projeto de Educação Abdelkader, uma organização dedicada à tolerância e à compreensão entre os Estados Unidos e o Islã.*
>
> *Em 2008, quando as inundações no Rio Mississipi causaram mais de US$ 8 milhões em danos à cidade, o governo argelino ofereceu ajuda para cidade, contra os desastres naturais*[3].

Assim, mesmo após a morte, as ações do Emir atraem empreendimentos, fundações e organizações em prol da paz, da compreensão e da tolerância.

---

3 (https://www.cntraveler.com/stories/2014-09-15/the-odd-story-of-how-elkader-iowa-got-its-name)

RELAÇÃO DE OBRAS DE ABDELKADER

Muitos livros foram produzidos pelo Emir Abdelkader, sobre diversos assuntos, desde criação de cavalos árabes, textos militares, poesias e escritos de cunhos religiosos e espirituais.

Diwan AL-amir Abd AL-Qadir Al- Yaazairi

Poesias; publicado em Beirute, em 1964, por Mamduh Haqqi.

Dikra l-aqil wa-tanbih al-gafil
(Menção do Inteligente, aviso aos indiferentes)

Editado originalmente em 1858, em resposta à *"Sociedade Asiática de Paris"*, e republicado em 1977.

Kitab al-mawqif (O livro das etapas)

Poesia e prosa sobre sufismo, editado primeiramente em Damasco. A principal obra filosófica do Emir. Alguns trechos são apresentamos neste livro no capítulo "Textos".

Wisah al-Kata'ib (O cinturão dos esquadrões)

Tratado militar, traduzido e editado em 1844 e em 1890, em Argel.

Os cavalos do Saara

Obra atribuída ao General Éugene Daumas, com textos do Emir, um expert em cavalos. Publicado em 1874, em Paris, e em 1853, em espanhol, em Madri.

Autobiografia (Sira datiya)

Escrita na prisão em Amboise, em 1849. Publicada em Paris, em 1995.

Um corte agudo para silenciar aqueles que desprezam a religião do Islã com falsidade e impiedade. (Al-miqrad AL-hadd li-qat lisan muntaqis din AL-islam bi-l-ilhad)

Livro escrito em defesa do Islã, em 1850.

Da fidelidade dos muçulmanos em observar seus tratados e alianças.

Também escrito na França.

Além dessas obras, há uma vasta correspondência trocada entre Abdelkader e oficiais franceses, como o General Desmichels, Daumas e outros. E ainda cartas dirigidas a dignitários árabes, marroquinos etc.

DEPOIMENTOS DE JORNAIS E OPINIÕES SOBRE O EMIR

Extraídos do livro *Emir Abd el-Kader: Hero and Saint of Islam*, de Ahmed Bouyerdene, Ed. World Wisdom, 2013[4].

Abd el-Kader inquietou Paris e desafiou todo o poder da França no reinado de Louis Phillipe. A história da conquista francesa da Argélia é substancialmente o registro do conflito que Abd el-Kader travou quase sozinho contra a principal nação militar da Europa.

("The London Times")

Hoje o mundo cristão se une para honrar o príncipe destronado do Islã [Emir Abd el-Kader], *o mais altruísta dos cavaleiros guerreiros, arriscando*

4 *http://www.worldwisdom.com/uploads/books/253.pdf*

membros da família e vida para resgatar seus antigos inimigos. Os conquistadores de sua raça e religião, da indignação e da morte [na Síria].

(*"The New York Times"*, 20 de outubro de 1860, relatando o resgate dos Emirados por mais de 10.000 cristãos em Damasco, Síria)

Todos os representantes das potências cristãs então residentes em Damasco, sem uma única exceção, deviam suas vidas a Abd el-Kader. Destino estranho e sem paralelo! Um árabe jogara sua égide de guardião sobre a majestade indignada da Europa. Um descendente do Profeta havia protegido a "Esposa de Cristo".

(Charles H. Churchill, 1807-1869, biógrafo do Emir)

Existe amplo terreno de respeito e amizade entre Abd-el-Kader e os aliados – que é a causa de direitos e liberdades indígenas contra a agressão estrangeira – uma causa na qual ele se mostrou o líder mais heroico de sua nação e o verdadeiro competidor dos heróis patrióticos de todos os tempos.

(*"The New York Daily Times"*, 15 de maio de 1854)

Ele teve a genialidade de adotar nas táticas tradicionais árabes um método regular de combate às tropas civilizadas, e mostrou-se cuidadoso com o estômago de seus homens e com os poderes da caminhada de suas colunas, como o general científico de um exército europeu.

("The quinzenal Review", Londres, 1867*)*

Sua carreira foi dividida em dois períodos: o primeiro foi um verdadeiro épico heroico; o segundo foi uma renúncia a todo o tumulto do passado. Julgado do ponto de vista histórico, além de todos os preconceitos de nossa civilização, Abd el-Kader aparecerá como um dos homens mais extraordinários de nossos tempos.

("Le Temps", jornal diário suíço)

Essa é a história do homem que dá nome a nossa cidade. Um estudioso, um filósofo, um amante da liberdade; um defensor de sua religião, um líder nato dos homens, um grande soldado, um administrador capaz, um orador persuasivo, um oponente cavalheiresco; a escolha foi bem feita e, como os pioneiros de setenta anos atrás, honramos o Shaykh.

(Elkader High School, Elkader, Iowa, turma de 1915*)*

TEXTOS

"Os profetas são como homens que têm um pai em comum, mas cada um tem uma mãe diferente..."

Emir Abdelkader

Abdelkader escreveu inúmeros livros, poemas, e trocou correspondências com eminentes personagens da história de seu tempo – era uma ativo intelectual.

Este livro não atingiria seus objetivos se não fossem apresentadas partes, ao menos, de seus escritos. Assim, nos atrevemos a colocar em português, mesmo com alguma deficiência, alguns trechos de suas obras, em especial de sua obra central, *Kitab Al Mawqif* (O livro das Etapas).

Na tradição sufi, existem muitas obras em que mestres, *Sheik*s ou *Pirs*, tentam dar aos discípulos indicações das etapas a serem percorridas no caminho espiritual. Assim, metaforicamente, é dado no livro clássico de Farid Attar, *A linguagem dos* *pássaros*, no qual os pássaros são convidados a descobrir e visitar a morada do Rei dos pássaros – diga-se, pássaros são o símbolo da alma.

O pássaro que clama pela viagem, que representa um mestre espiritual, foi conselheiro de "Suleimam", a versão árabe do nome de Salomão. Eles têm de atravessar sete vales (etapas), cada um com diferentes graus de dificuldades.

Da mesma forma o Emir Abdelkader, em seu *Kitab Al Mawqif* (O livro das etapas), demarca as dificuldades e os pontos de vista nascidos no percorrer do caminho, fazendo uso das tradições islâmicas e do Corão.

Este livro, grandemente inspirado nas ideias de Ibn Arabi, aborda as diferentes etapas no caminho espiritual, segundo a visão gnóstica sufi. A obra é claramente marcada pelas experiências do autor, na longa busca do autoconhecimento e em seus inúmeros contatos com diferentes mestres, das variadas escolas de esoterismo islâmico.

Para composição desse capítulo, usamos algumas das várias traduções para o francês, o inglês ou espanhol das obras de Abdelkader. Lamentavelmente, não há ainda tradução de suas obras diretamente do árabe para o português. E como não se sabe quando isso acontecerá, tomamos a decisão de verter de uma segunda língua para o português. Uma pequena tentativa de suprir esta grave lacuna.

Entre os graus da Manifestação universal, cada criatura sensível experimenta tipicamente um senso ilusório de autonomia. Ao mesmo tempo, com ou sem a consciência da criatura, ela subsiste eternamente como um "protótipo imutável" no Conhecimento divino.

Existem dois tipos de morte, a morte inevitável e comum a todos os seres, e a morte que é voluntária e particular para alguns deles apenas. É a segunda morte que nos é prescrita nas palavras do Mensageiro de Allah: "Morra antes que morra." A ressurreição é realizada por aquele que morre esta morte voluntária. Seus assuntos retornam a Deus e são apenas um. Ele retornou a Deus e os vê através Dele. Como disse o Profeta [Sobre Ele seja Graça e Paz!]*, de acordo com uma tradição relatada por Tabarani, "Você não verá seu Senhor antes de morrer", e é porque, na contemplação deste morto-ressuscitado, todas as criaturas são aniquiladas, e para ele só existe uma coisa, uma realidade apenas. Qualquer que seja a posição dos crentes em seus estados póstumos, é prefigurado em um grau ou outro nesta vida para os iniciados. O "retorno" das coisas – considerado em relação à* [diversidade de] *suas formas – a Allah e ao fim de seu devir expressa apenas uma mudança de status cognitivo e de modo algum uma modificação da realidade. Para aquele que morre e alcança a ressurreição, o múltiplo é um, em razão de sua unidade essencial; e o Um* *é múltiplo, em razão da multiplicidade Nele de relações e aspectos.*

(Kitab al-Mawaqif 221, pp. 51-52 - The Spiritual Writings of Abd al-Kader. Michel Chodkiewicz - Albany, Nova Iorque: State University of New York Press, 1995*)*

Abu Sa'id al-Kharraz disse: *"Eu nunca conheci Allah. Que Ele seja exaltado, exceto pela coincidência n'Ele dos opostos. 'Ele é o primeiro e o último, o aparente e o oculto.'"*

O sol diurno se põe à noite, mas o sol do coração nunca desaparece.

*Da mesma forma, quando há o estado de extinção (*fana'*) – que os homens do caminho [*os sufis*] também chamam de "união" (*ittihad*) – o adorado e o adorador, o Senhor e o servo desaparecem juntos. Se não há adorador, não há adorado; e se não há servo, não há Senhor. Pois, quando dois* *termos são correlativos, o desaparecimento de um necessariamente provoca o desaparecimento do outro e, portanto, eles desaparecem juntos.*

(*Kitab al-Mawaqif - Abd al-Kader* - Michel Chodkiewicz -215, p. 100 Albany, Nova Iorque: State University of New York Press, 1995)

Sua luz se espalha, e essa operação não expressa nada além do desdobramento ordenado de Seus atributos sobre o não-ser. O que é chamado "os possíveis" são aquelas coisas que se mostram capazes de receber essa luz, e as que são chamadas de "impossíveis" são aquelas incapazes de recebê-la. É justamente isso que o Profeta [Sobre Ele seja Graça e Paz!] *aludiu quando Ele disse: "Allah criou as criaturas nas trevas, depois as borrifou com Sua luz. Aqueles que foram tocados por algumas dessas luzes estão no bom caminho; e aqueles que não foram tocados por ela estão perdidos.*

(*Kitab al-Mawaqif 287, p. 86-* Michel Chodkiewicz, Nova Iorque: State University of New York Press, 1995)

Quando Deus quis criar o cavalo, ele disse ao vento sul: "Quero fazer de você uma criatura. Condense!" E o vento condensou.

A morte é um camelo preto que se ajoelha nos portões de todos.

*Depois disso, Deus nos diz: "E procure um meio de acesso a Ele." [...] O meio é um mestre (espiritual) cuja linhagem iniciática (*nisba*) é sem falhas, que tem um conhecimento verdadeiro do Caminho, das deficiências que o obstruem e das doenças que impedem a chegada à Gnose; e que possui uma comprovada ciência da cura, e dos temperamentos, disposições e seus remédios apropriados. Existe absoluta unanimidade entre o povo de Allah no fato de que, no caminho para a gnose, um "meio de acesso", ou seja, um mestre, é indispensável. Os livros não podem, de maneira alguma, substituir o mestre, pelo menos a partir do momento em que as inspirações sobrenaturais (al-waridat), as iluminações das teofanias (*bawariq al-tajalliyyat*) e os eventos espirituais (*al-waqi'at*) começam. Quando isso acontece, torna-se necessário explicar ao discípulo o que em tudo deve ser aceito ou rejeitado; o que é som e o que está contaminado. No entanto, no início do Caminho, ele pode se contentar com os livros que tratam do comportamento piedoso e do combate espiritual em seu sentido mais geral. "Lutar no seu caminho": esta é uma ordem para a batalha depois de ter encontrado um mestre. Trata-se de uma guerra santa especial (*jihad*), realizada sob o comando do mestre e de acordo com as regras que ele prescreve. Não se pode ter confiança em um combate espiritual realizado na ausência do mestre, exceto em casos muito excepcionais. [...] As disposições dos seres são variadas, seus temperamentos são muito diferentes entre si, e algo que é lucrativo para um pode ser prejudicial para outro.*

(Kitab al-Mawaqif 197, pp. 49-50- Michel Chodkiewicz, Albany, Nova Iorque: State University of New York Press, 1995*)*

O absolutamente não manifestado não pode ser designado por nenhuma expressão que possa limitá-lo, separá-lo ou incluí-lo. Apesar disso, toda alusão se faz apenas a Ele, toda designação O designa, e Ele é ao mesmo tempo o Não-Manifesto e o Manifesto.

Deus me tirou do meu "eu" [ilusório] *e me aproximou do meu "eu"* [real]*, e o desaparecimento da terra provocou o do céu. O todo e a parte se fundiram. O vertical* (tul) *e o horizontal* ('ard) *são destruídos. O trabalho super-rogatório retornou ao trabalho obrigatório, e as cores retornaram à pura brancura primordial. A jornada chegou ao fim, e o que não é Ele deixou de existir. Toda atribuição* (idafat)*, todo aspecto* (i'tibarat)*, toda relação* (nisab) *sendo abolida, o estado original restaurado. "Hoje estou baixando suas linhagens e criando as minhas!"*

(Mawqif-7-Kitab Al Mawaqif - Escritos espirituais, Michel Chodkiewicz - Seuil, Paris- 1982*)*

As duas maneiras

“Em verdade, temos te agraciado com os sete versículos reiterativos, assim como o magnífico Alcorão.” (Cor. 15: 87)

Se aquele a quem Allah concedeu a Sua misericórdia, tornando-se conhecido por ele e tornando-o conhecido à realidade essencial do mundo superior e do mundo inferior, apesar disso, começar a desejar a cosmo visão do mundo (ocultação, ‘alam al-ghayb*), da Imaginação Absoluta (*al-khayal al-mutlaq*) e de tudo o que escapa à percepção sensível de fato de formas ilusórias, de relações puras sem existência objetiva; e que não têm outra realidade exceto a do verdadeiro Ser (*al wujud al-haqq*) – pois nada mais são que Suas manifestações, Suas atribuições, Suas relações objetivamente inexistentes – está em erro e viola a propriedade espiritual. Eu sou um daqueles a quem Allah concedeu Sua misericórdia, tornando-se conhecido por eles e tornando-os conhecidos à realidade essencial do universo pelo êxtase e não por meio da jornada inicial (*‘ala tariqati l-jadhba, la ‘ala seca al-suluk*). Para o “viajante” (*al-salik*), o mundo sensível é primeiro revelado, depois o mundo imaginal (intermediário). Ele então eleva-se em espírito ao céu deste mundo inferior, depois ao segundo céu, depois ao terceiro e assim por diante até o trono divino. Ao longo desta jornada, ele continua sendo um dos seres espiritualmente velados, desde que Deus não* se faça conhecido por ele e não arranque o véu supremo. Ele então retorna pelo mesmo caminho e vê as coisas de maneira diferente do que as viu em sua primeira jornada. Só então ele os conhece com verdadeiro conhecimento.

Este percurso, mesmo que seja o mais alto e o mais perfeito, é muito longo para o viajante e o expõe a sérios perigos. Todos esses desvendamentos sucessivos são de fato muitas provações. O viajante será detido por elas ou não? Alguns param no primeiro desvelamento, ou no segundo, e assim por diante até o último desses testes. Se ele é um daqueles a quem a providência divina predestina o sucesso, se persevera em sua busca, se persiste em sua resolução, se desvia de tudo que não é o objetivo, ele obtém a vitória e a libertação. Caso contrário, ele é jogado de volta ao ponto em que parou e é enviado para onde saiu, perdendo tanto este mundo quanto o próximo. É por esse motivo que o autor das "Sentenças" disse: "As formas das criaturas não se apresentam ao discípulo sem que os arautos da Verdade o chamem para dizer: 'O que você procura está diante de você! Nós somos apenas tentação! Não seja culpado de infidelidade!' Um dos mestres também disse sobre esse assunto: 'Sempre que você vê os graus espirituais revelando seu brilhantismo, parte, como nos afastamos deles!'»

Quando esses seres finalmente chegam ao conhecimento que é seu objetivo, essas revelações são tiradas deles no final de sua jornada.

Quanto ao caminho para o êxtase, é mais curto e seguro. Agora, existe algo para o homem sábio que seja igual a segurança?

É a esses dois caminhos que Deus aludiu no versículo: "E então sabereis quem está no caminho reto e quem é guiado." (Cor. 26:13). Isto significa:

então, será revelado a você quem são os que chegaram ao conhecimento de Deus percorrendo o caminho reto, médio e direto, ou seja, o caminho de Allah e seu Profeta, e que são aqueles que foram "guiados", ou seja, que chegaram ao conhecimento de Deus sem completar a jornada inicial, passo a passo, ou qualquer coisa do tipo, mas pelo arrebatamento em Deus e pelo apoio de Deus. A misericórdia dele. Quem está neste caso é o "desejado" (al-murad), um termo que foi definido como significando "aquele a quem sua vontade (ou seu 'desejo': irada) foi arrebatado", e todas as coisas foram pré-arranjadas a seu favor. Este atravessa sem esforço todas as formas e todas as etapas. O versículo não menciona aqueles que não pertencem a nenhuma dessas duas categorias e, portanto, não chegam ao conhecimento de Allah, nem pela jornada inicial nem pelo êxtase extático.

Um dia, ocorreu-me esse pensamento: "Se Allah tivesse me revelado o mundo da imaginação absoluta!" Esse pensamento persistiu por dois dias e causou um aperto (qabd) em mim. Ao invocar Allah, Ele me afastou de mim e projetou Sua palavra em mim: "Um enviado chegou a você por si mesmo" (ou: 'de suas próprias almas', min anfusikum; Cor. 9: 139) e eu entendi que Deus tinha piedade do que estava acontecendo comigo. Nesse estado tenso, dirigi a ele, durante uma das orações rituais, o seguinte pedido: "Ó meu Deus, faça-me perceber o que o Povo das Proximidades alcançou e me guie pelo caminho das pessoas arrebatadas em êxtase." Ouvi então para mim mesmo: "Eu já fiz isso!" Acordei então de minha inconsciência e sabia que o que estava pedindo, ou o momento para obtê-lo, ainda não havia chegado, ou então a Divina Sabedoria havia decretado que eu não o obteria, e que eu estava, portanto, errado ao perguntar. Eu era como aquele a quem o rei convoca sua corte e convida *a sentar ao lado dele para lhe fazer companhia e conversar com ele, e que, apesar disso, deseja ver os porteiros do rei, seus garotos ajudantes e seus servos, ou se divertir nos mercados. Então eu me virei para Allah e pedi que Ele me fizesse perceber, de fato, o conhecimento Dele e da escravidão, isso mesmo pelo que Ele me criou.*

Um pensamento semelhante me ocorreu outra vez quando eu estava em Medina [Deus a abençoe!]. *Eu estava me preparando para invocar Deus quando Ele me afastou de mim e projetou Sua palavra em mim: "E nós já lhes demos sete reiterativos, e o glorioso Alcorão."*

Portanto, não direcione seu olhar para o prazer que concedemos a certos grupos deles! (Cor. 15: 87, 88). Quando recuperei meus sentidos, eu disse: "Isso é o suficiente para mim!" Isso é o suficiente para mim! Essa preocupação desapareceu completamente da minha mente e eu não me lembrei disso até muito mais tarde.

(Mawqif 18 - Escritos espirituais - Kitab Al Mawaqif - Michel Chodkiewicz, Seuil, Paris-1982)

Allah é em si o não-ser e o ser, o inexistente e o existente. Ele é ao mesmo tempo aquilo que designamos como não-ser absoluto e como ser absoluto; ou por não-ser relativo e ser relativo. [...] Todas essas designações retornam somente a Deus, pois não há nada que possamos perceber, saber, escrever ou dizer que não seja Ele.

«Ó, você, alma pacífica, volte para o seu Senhor , agradável e aceito entre os meus servos, e penetre no meu paraíso." (Cor. 89: 27-29)

Essa alma que seu Senhor chama assim, descrevendo-a como "pacificada, agradável e aprovada", Ele ordena a ela – e essa ordem é de fato uma autorização, uma permissão e uma marca de honra – para entrar entre Seus servos, aqueles que ele expressamente atribui a si mesmo, que foram escolhidos por ele. São aqueles que conhecem sua verdadeira relação com a servidão e com o senhorio, ou seja, aqueles que sabem que nomear o "servo" não significa outra coisa senão uma manifestação específica do Senhor, condicionada pelas características do servo: a Realidade essencial é "Senhor", a forma externa é "Servo". O servo é um "Senhor" manifestado na forma de um "Servo" e, na forma do adorador, é Ele mesmo que se adora.

*A entrada em Seu paraíso (*fi jannatihi*) consiste em que o servo [de acordo com o significado da raiz "JNN"] se esconda (*ijtinan*) em Sua*

Essência. Quem conseguir isso passou pelos véus das criaturas e dos nomes divinos. Para ele, as determinações criativas ilusórias que só têm realidade no nível das percepções sensíveis desapareceram. Não fosse por essas percepções, haveria apenas Ser puro e absoluto.

Então, a criatura sendo "envolvida" por Deus, sua ipseidade desaparece – em termos de seu status existencial, mas não no da realidade permanente. Pelo contrário, quando a Ipseidade divina é "envolvida" pela criatura, ela permanece em sua transcendência imutável e nunca é afetada por nenhuma mudança.

Esse chamado e essa ordem divina, no entanto, são dirigidos à alma somente quando ela ultrapassa o estágio da "ciência da certeza" para alcançar o da "realidade da certeza", graças à experiência da espiritualidade autêntica e perfeitamente revelada, e isso sobre as duas coisas.

Em primeiro lugar, essa alma deve ter a certeza de que Deus é um agente livre que faz, de acordo com Seu conhecimento e sabedoria, o que é certo, e na medida certa, no momento certo; com a consequência de que, sob qualquer aspecto ou sob qualquer ponto de vista, não pode haver ato mais perfeito e mais sábio do que isso, e que se o servo tivesse acesso à Sabedoria divina e sabendo o que as circunstâncias exigem, ele não escolheria realizar outro ato além daquele. Assim que a alma possui essa certeza, atinge o ponto de "aprovação" à vontade de Allah, é "pacificada", e o cumprimento dos decretos divinos não abala sua serenidade imutável.

Segundo, ela deve ter a certeza, baseada na experiência espiritual e na revelação intuitiva, de que Deus é o único Agente de tudo o que procede de Suas criaturas, sem exceção. Se a criatura desempenha, em relação a um determinado ato, o papel de causa, condição ou impedimento, é na verdade Deus quem "desce" do grau de Sua absolutez – sem que tudo isso cesse de ser absoluto – nesta forma, chamada de condição, causa ou prevenção.

Ele faz o que faz por meio desta forma. Ele poderia ficar sem ela se quisesse agir sem ela, mas essa é a sua livre escolha e essa é a sua sabedoria. O ato é, portanto, atribuído, à primeira vista, a essa forma, enquanto realmente pertence somente a Ele, sozinho, sem um associado.

Então a alma será "aceita" por seu Senhor, uma vez que não pode proceder a nenhum ato e, consequentemente, nada pode fazê-la deixar de ser aceita. A aprovação e o amor de Deus por Suas criaturas é o estado original. É através deles que Ele as criou e eles são a causa dessa existência. Quem sabe que não tem ser nem age encontra-se neste estado original de prazer e amor divinos.

Que Allah, por Sua graça e generosidade, coloque a nós e a nossos irmãos entre os incluídos no questionamento deste versículo! Que assim seja!

(Mawqif 180 - Escritos espirituais - Kitab Al Mawaqif, Michel Chodkiewicz, Seuil, Paris - 1982)

O que ele perdeu, que encontrou você?

"E se você é paciente – certamente (hu, Ele) é melhor (khayr) para aqueles que podem ser pacientes." (Cor. 16: 126)

*Neste versículo, Allah conforta Seus servos pacientes em dificuldades anunciando que Ele próprio é o substituto do que eles perderam e que se adequem à sua disposição natural. Ser paciente de fato consiste em forçar a alma a aceitar o que lhe é repugnante; e ela tem aversão a qualquer coisa que não esteja de acordo com sua predisposição no momento presente, mesmo sabendo que isso será bom para ela depois. A dor psíquica (*nafsani*) e a natural que as almas sentem, constrangidas dessa maneira, só podem ser repelidas se um estado espiritual poderoso e dominador se apoderar delas e fazê-las esquecer o que está causando seu sofrimento e o que lhes dá prazer. É porque o homem não pode escapar dessa dor sozinho que os maiores santos choraram, gemeram, suspiraram, pediram ajuda e oraram para que esses sofrimentos fossem poupados. Não é o mesmo para o sofrimento espiritual (*ruhani*), que o homem é capaz de repelir. Então, vemos os santos se regozijando interiormente, felizes, satisfeitos, certos de que o que Allah escolheu para eles é o melhor que existe, em paz diante do sofrimento [espiritual] que os alcança. Nada é desagradável e ruim em essência, mas apenas em relação a "receptáculos" e predisposições de corpos físicos. Se considerarmos agora os seres em relação às suas realidades metafísicas (*al-haqa'iq al-ghaybiyya*), o que quer que aconteça com eles é bom para eles. Ainda mais: nada lhes acontece que não seja exigido por sua natureza essencial.*

Allah, portanto, anunciou àqueles que pacientemente suportam a perda do que lhes agrada – saúde, riqueza, grandeza, segurança, posses e filhos – que "Ele" [pois esse é o significado apropriado do pronome "hu" dado acima por "que", de acordo com o modo como este versículo é geralmente entendido] é melhor (khayr) para eles do que o que eles perderam: pois eles sabem que "Ele" [que é o Nome da essência suprema absolutamente incondicional] é a realidade inseparável e o refúgio necessário, e que as coisas agradáveis que eles perderam eram pura ilusão (umur wahmiyya khayaliya).

Allah [Exaltado seja Ele!] usou o termo "lahuwa" aqui, "certamente Ele"; agora o "hu" é a realidade ilusória e incognoscível, que não pode ser nomeada ou descrita. Ele é o princípio imanifesto de toda manifestação, a realidade de toda a realidade. Não cessa nem transforma, deixa nem muda. "Huwa" (Hu) não é usado aqui como o pronome da terceira pessoa – a pessoa ausente – gramaticalmente correlativa de uma primeira pessoa – aquela que fala – e de uma segunda – aquela com quem alguém fala [o que implicaria uma multiplicidade que transcende infinitamente o "hu" metafísico]. Allah não disse: "la-ana", "certamente eu", porque o pronome "ana" ["eu", em árabe] tem um caráter determinante, pois implica presença. Mas tudo o que é determinado é assim limitado.

Quanto ao termo "melhor" (khayr), é [gramaticalmente] um ilativo, que, portanto, supõe comparação entre dois termos que têm algo em comum. Certamente, nada em comum e nenhuma comparação é concebível aqui: mas Deus fala aos Seus servos a linguagem que eles conhecem e os conduz pelos caminhos que lhes são familiares. Caso contrário, o que há em comum entre ser e nada? E como você compara realidade e ilusão? Quem encontra Allah não perdeu nada; e quem perdeu Allah não encontrou nada. É isso que lemos nas orações de Ibn 'Ata Allah: "O que ele *encontrou e o que você perdeu? E o que aquele que te encontrou perdeu?"*

(*Mawqif 220 - Escritos Espirituais - Kitab Al Mawaqif* - Michel Chodkiewicz, Seuil, Paris, 1982)

O prazer e o amor de Deus por Suas criaturas constituem o estado original. Seu prazer e amor são os meios pelos quais Ele trouxe Suas criaturas à existência e são a causa dessa criação. Quem sabe que não possui ser nem age redescobre-se nesse estado original de prazer e amor divinos.

Mā fī l-badāwa min ʿayb
(“Não existem erros na vida beduína” ou “Elogio da vida dos beduínos”)

POESIA

Este poema foi escrito pelo Emir quando, na França, foi indagado sobre as diferenças da vida numa cidade estática, urbana convencional, e a vida no deserto. Qual seria a melhor?

Oh, você que desculpa aqueles que amam a vida urbana e critica aqueles que amam as estepes e o deserto. Não censure casas de transporte leve, nem elogie casas de pedra e barro! Se você soubesse o que o deserto contém, poderia me desculpar, mas o ignora, e quanto mal há na ignorância!

Se você tivesse amanhecido no deserto, criado em uma tapeçaria de areia na qual as pedras pareciam pérolas ... ou se você tivesse caminhado por um jardim cuja aparência brilha em cada cor bela, requintada e perfumada, você teria respirado uma brisa agradável, que se expande na alma ao aspirar, sem ter passado por qualquer impureza. Se de manhã, depois de uma noite de chuva torrencial, você escalasse uma torre de vigia ou deixasse seu olhar vagar, você teria visto em todas as direções de suas planícies um rebanho de animais pastando nas plantas mais perfumadas.

Que momento! Não deixa tristeza no coração lamentoso, nem ansiedade nos inquietos! Às vezes, chegamos à frente da caça e a surpreendemos, e a caça entra em pânico conosco naquele momento.

Quantos avestruzes machos capturamos com danos às fêmeas, mesmo que elas estivessem voando no ar como falcões! No dia da partida, quando nossos "palanquins" estão selados, são anêmonas vermelhas cobertas de chuva pelas nuvens.

Há as virgens que com remendos fizeram algumas aberturas (nos palanquins) das quais olham com os olhos das Huris. Atrás deles, seus condutores de camelo marcham, cantando um zejel mais agradável do que as cordas do alaúde, a flauta e o saltério. Continuamos galopando em excelentes corcéis, com garupa e lombo adornados por gualdrapas.

Perseguimos animais selvagens e gazelas, e de longe nós os alcançamos, sem que possam salvar-se dos cavalos esbeltos.

À noite, retornamos ao povoado, porque eles já pararam em lugares onde não há sujeira e cuja terra é como almíscar ou ainda mais pura!

Generosas, as nuvens derramam sua chuva ao entardecer e ao amanhecer. Encontramos as tendas que já foram plantadas lá em linhas: são como o firmamento brilhando com estrelas cintilantes.

Aqueles que já morreram disseram uma frase que tradição e razão confirmam, e a verdade não muda: "A beleza manifesta seu esplendor em dois objetos: um verso de poesia e uma tenda de pelos de camelo."

Quando nossos rebanhos chegam ao entardecer, você acreditaria que suas vozes são como o trovão ao amanhecer.

Eles são os navios do deserto, ainda mais seguros para o cavaleiro que os navios do mar; quantos perigos eles implicam!

Temos camelos Mehari mais rápidos que gazelas. Com eles e com os corcéis, obtemos toda a glória.

Nossos corcéis estão sempre selados para o combate, e quem procura nossa ajuda recebe as boas novas da vitória.

Nós somos os reis. Que ninguém nos iguala!

Que vida existe para alguém que vive envergonhado?

Não suportamos a opressão de quem é injusto, e deixamos ele e sua terra, pois toda a honra está na jornada.

Se o vizinho nos prejudicar em sua coexistência, dele nos separamos sem pressa e sem danos.

À noite, acendemos o fogo da hospitalidade, que mostra, a quem vem até nós, que a fome e o frio têm nele remédio.

Mas nosso inimigo não encontra asilo nem refúgio, porque temos boas montarias para correr e triunfar, cuja bebida é leite, um leite não misturado com água.

E o leite das camelas não é como o das vacas.

Os bens de nossos inimigos, em todos os momentos, decidimos distribuí-los com equidade e em medida justa.

Não há defeito na vida nômade que você possa criticar, exceto as virtudes viris e as esmolas generosas.

E a saúde do corpo não é desconhecida no deserto.

O vício e a doença são limitados à vida urbana.

Quem de nós não morre ferido por uma lança vive muito tempo.

Entre as criaturas de Deus, somos aqueles que têm mais vida longa!

(Texto em árabe em al-Yaza ir , 1964: 44-50, *trad. C. M. Thomas; citado em "Abd Al Qadir Al-Yazari,* líder da resistência argelina, poeta y Místico.", de Laila-Carmen Mahmoud-Makki Hornedo – Universidade de Sevilha - 2012- P. 326/327/328*)*

BRASÍLIA E ARGEL, CIDADES IRMÃS

Oscar Niemeyer, o renomado arquiteto brasileiro, além de seus belos trabalhos reconhecidos mundialmente executados em Brasília, tem inúmeras obras em Argel, capital do país natal de Abdelkader, entre elas os seguintes monumentos:

1. O edifício da Universidade Mentouri de Constantine;
2. Mesquita de Argel (1971);
3. Universidade de Ciência e Tecnologia Houari Boumediene (1974);
4. Escola Politécnica de Arquitetura e Urbanismo (1975);
5. Sala Omnisport “La Cúpula” (1975).

Acrescente-se o projeto para a Biblioteca árabe-sul-americana, um dos seus últimos trabalhos, ainda em andamento.

Brasília e Argel, pelas obras do mesmo gênio arquitetônico, deveriam ser declaradas cidades irmãs. Niemeyer, durante parte de sua vida, ficou exilado na Argélia, daí sua ligação com o país.

Em 2019, foi lançado nos Estados Unidos o livro de Jason Oddy, escritor e fotógrafo inglês, The Revolution Will Be Stopped Halfway: Oscar Niemeyer in Algeria (A Revolução Será Parcialmente Interrompida: Oscar Niemeyer na Argélia). A editora é a Columbia Books on Architecture and the City.

A arte de dominar espaços em função do homem uniu Argel e Brasília, a arte da convivência pacífica uniu o Islã e o Ocidente pelas mãos de um humanista muçulmano, o príncipe dos fiéis, construtor de pontes de entendimento.

Essa singular aproximação foi muito bem descrita nas palavras do Embaixador Toufik Dahmani[5]:

> *"...os povos argelinos e brasileiros, embora vivam em países muito distantes uns dos outros, se sentem mais do que nunca vinculados por suas aspirações e esperanças por um mundo melhor. A solidariedade inestimável liga os dois povos através de décadas. Uma solidariedade, mais do que nunca indispensável, para enfrentar os desafios do nosso século.*
>
> *Os laços que unem nossos dois povos são bem mais velhos e datam de bem antes da Independência*

---

5 *Entrevista concedida a Fabiana Ceyhan em 2017. Disponível em: https://brasiliainfoco.com/o-embaixador-da-argelia-no--brasil-nos-concedeu-uma-entrevista-e-explicou-muito-sobre--o-pais/*

da Argélia em 1962. De fato, desde a época da "Regência de Argel" ou do reinado de Emir Abdelkader, estadista e grande figura argelina, que laços diplomáticos, humanos e sociais ligavam os dois países.

Neste contexto, permito lembrar a existência de trocas de cartas, fotos ou documentos entre Emir Abdel Kader e o Imperador do Brasil. Aproveito a oportunidade para encorajar historiadores e estudiosos a explorar e estudar esses documentos inestimáveis."

FILMES E DOCUMENTÁRIOS

Naturalmente, um personagem tão fascinante como Abdelkader não poderia deixar de chamar a atenção do cinema e dos documentaristas modernos.

Entre algumas das produções disponíveis, citamos:

"Emir Abdelkader El Djazairi"

Disponível em: https://www.youtube.com/watch?v=G3M4tqX6XU8

"Emir Abdelkader: Fanatic or Freedom Fighter?", de John Kiser

Disponível em: https://www.youtube.com/watch?v=7LIJC276_qw

"Emir Abdel Kadir el Djazairy عبد القادرالجزائري Great Muslim Lives"

Disponível em: https://www.youtube.com/watch?v=3qUg2KHTpPo

"Emir Abdelkader: Fanatic or Freedom Fighter?", de John Kiser

Disponível em: https://www.youtube.com/watch?v=7LIJC276_qw

"L'émir Abd el Kader à Amboise, le Prisonnier tant aimé (1848-1852) - O'CentredeL'Histoire"

Disponível em diferentes sites.

A Al Jazeera Media Network, do Catar, em seu canal "Al Jazeera Documentary", possui também um documentário sobre Abdelkader

Disponível em: https://www.youtube.com/watch?v=IK_wSPYUulY

Como vemos, grande parte dos vídeos mencionados acima estão disponíveis nas plataformas digitais como o Youtube.

Mas a maior promessa de justiça sobre a vida do Emir era, ou é, o filme, em produção paralisada, lamentavelmente, do diretor Charles Burnett, com Oliver Stonne como produtor. Questões administrativas e financeiras desagradáveis, bem como desacordo sobre cenários e roteiro, paralisaram a obra, até aqui.

Esperamos, claro, que seja possível uma solução para que a memória de um dos grandes – se não o maior – heróis argelinos seja preservada, reconhecida e divulgada.

BIBLIOGRAFIA

Além de numerosos sites de pesquisas, os seguintes livros, físicos ou em PDF, e textos, alguns acadêmicos, foram consultados em parte ou no todo para a produção desse livro. É de se observar que alguns textos ou falas se repetem, nas diversas traduções dos textos de Elkader ou de autores citados à sua época, como os do biógrafo Charles-Henry Churchill.

Como não poderia deixar de ser, foram consultadas as traduções de O livro das etapas, obra máxima do Emir. Por uma questão de honestidade intelectual, as fontes sempre que localizadas são citadas no corpo do nosso livro.

Fontes impressas

AZEVEDO, Mateus Soares de. Homens de um livro só. Rio de Janeiro: Ed.Nova Era, 2008.

_____. Mística Islâmica. Petrópolis-RJ: Ed. Vozes, 2001.

BOUYERDENE, Ahmed; Geofrey, Éric; Simon-khedis, Setty G. Abd El-Kader Um spirituel Dans La Modernité. Universidade de Argel: Pressses de l'ifpo, 2012.

BOUYERDENE, Ahmed. Emir Abd el-Kader: Hero and Saint of Islam. Indiana (EUA): Ed. World Wisdom, 2013

BOUZID, Zaki. L'EmirAbdelkader – L'epopée de La Sagese. Argélia: Zaki Bouzid Éditions, 2007.

BROWER, Benjamin Claude The Amîr 'Abd Al-Qâdir and the "Good War" in Algeria, 1832-1847 - Studia Islamica, nouvelle édition/new series, 2, 2011, pp. 35-68 Disponível em: http://www.studiaislamica.com/pdf/2011-2/2Brower.pdf

CHODKIEWICZ, Michel. Kitab Al Mawaqif - Escritos espirituais. Paris: Seuil, 1982.

____. Kitab al-Mawaqif - The Spiritual Writings of 'Abd al-Kader. Albany, Nova Iorque: State University of New York Press, 1995.

CHURCHILL, Charles-Henry. La vie d'Abd-El-Kader. 1ère édition 1867, introduction, traduction et notes de Michel Habart, seconde édition, Alger, SNED, 1974.

CORNAC, Sylvain Henry. L'Émir Abd Al-Qâdir et les Ottomans: L'Itinéraire du dernier grand Ayan de Damas (1832-1865) Thèse présentée comme exigence partielle du doctarat en histoire. Université du Québec à Montréal, 2018. Disponível em: https://archipel.uqam.ca/11632/1/D3434.pdf

DUGAT, Gustave. Texto - Introdução à Academia Francesa de Ciências. Paris: 1858.

GILIS, Charles André (Abd ar-RazzâqYahyâ). (Trad.). Pòemes Métaphysiques - Émir abd Al-Qadir L'algeriien.

Beyrouth, Líbano: Lés éditons Al-Bouraq, 1996.

HAYEK, Samir El (Trad.). Alcorão Sagrado. São Paulo: Editora Centro de divulgação do Islã para América latina, 1989.

HORNEDO, Laila-Carmen Mahmoud-Makki. Abd Al Qadir Al-Yazari, líder da resistência argelina, poeta y Místico. Espanha: Universidade de Sevilha, 2012.

JALAL, Ayesha. Combatentes de Allah. São Paulo: Ed. Larousse, 2009.

KEBACHE, Mouloud. L'émir Abdelkader et la franc-maçonnerie française : De l'engagement (1864) au renoncement (1877). Montreal: Université de Montréal, 2009.

KISER, John. Commander of the Faithful, the Life and Times of Emir Abd El-Kader: A Story of True *Jihad*. Chapter Twenty-One- Monkfish Book Publishing-EUA, 2010.

KISER, John. Lessons from an Arab (Abdelkader's Legacy of Empathy and Obedience, 1808-1883). EUA, 2012.

LORY, P.; Rivet, D.; Teissier, H. et al. The Emir Abd El Kader Witness e Visionary. Paris: Ibis Press, 2004.

PENOT, A. (Trad.). Le livre des Haltes - Emir Abd El-kader. Paris: Editions Dervy, 2008.

RAPHANELLI, Noely Zuleica Oliveira. D. Pedro II: vínculos com o judaísmo. Tese de Doutorado. Unidade da USP - Faculdade de Filosofia, Letras e Ciências Humanas. São Paulo: 2013. Disponível em: https://www.teses.usp.br/index.php?option=com_jumi&fileid=17&Itemid=160&id=47A21F370544&lang=pt-br

RICE, Edwar. Sir Richard Francis Burton. São Paulo: Companhia das letras , 1990.

ROCHES, Léon. Trente-deux ans a travers l'Islam. Paris: Ed. Firmin -Didot, 1884.

SAHLI, Mohamed Cherif. Le Chevalier de La Foi. Entreprise Algerienne de presse - Argel, 1967.

Fontes eletrônicas

https://pt.wikipedia.org/wiki/Wikip%C3%A9dia:P%C3%A1gina_principal

https://iqaraislam.com/os-misticos-do-isla-ordem-naqshbandi

https://www.cntraveler.com/stories/2014-09-15/the-odd-story-of-how-elkader-iowa-got-its-name

https://iqbal.hypotheses.org/6462

https://www.onelittleangel.com/wisdom/quotes/saint.asp?mc=20

https://www.johnwkiser.com/lessons-from-an-a-rab-warrior.php

https://www.wdl.org/en/item/12983/

https://books.openedition.org/ifpo/1832

https://brasiliainfoco.com/o-embaixador-da-arge-lia-no-brasil-nos-concedeu-uma-entrevista-e-ex-plicou-muito-sobre-o-pais/

PALESTRA DO AUTOR SOBRE "O ESOTERISMO DO EMIR ABDELKADER"

Neste episódio do programa "Em busca do Autoconhecimento", da TV Supren, Osvaldo Condé aborda o esoterismo do Emir Abdelkader, um dos principais nomes da história da Argélia.

OUTROS TÍTULOS DO AUTOR PELA PRÓ-CONSCIÊNCIA

Uma excelente seleção de filmes espiritualistas, filosóficos, psicológicos, ecológicos, com comentários, dicas bibliográficas e um índice temático no final para você explorar outras áreas de interesse. Um livro para você e para presentear amigos, clientes e familiares.

Você já pensou que algum dia o lobo mau poderia ser confrontado com três porquinhos filosóficos? Nesta simples fábula o seu autor, Osvaldo Condé, profundo estudioso da sabedoria ocidental e oriental, particularmente inspirado na tradição sufi, nos indica uma iniciação à filosofia perene. Condé revisitou a história original dos "Três porquinhos", oriunda do século XVIII, e a transformou em uma fábula para adultos. Por meio de questionamentos essenciais, o autor incentiva à busca pelo autoconhecimento ao mesmo tempo que preserva o lúdico deste clássico, muito bem retratado com as ilustrações da artista plástica Gaída Côrtes. O livro vem também com prefácio de Ezequiel Braga e posfácio de Roberto Crema.

Título: Emir Abdelkader -
Vida e Textos do Humanista Argelino
Impressão: Gráfica Athalaia - Brasília-DF
Formato: 14,8x21 cm
Capa: Cartão Supremo 250g
Miolo: Couchê fosco
Acabou-se de imprimir em Outubro de 2021